MINISTÈRE DES AFFAIRES ÉTRANGÈRES

DOCUMENTS DIPLOMATIQUES

SAINT-SIÈGE

1899-1903

PARIS

IMPRIMERIE NATIONALE

MDCCCCIII

DOCUMENTS DIPLOMATIQUES

SAINT-SIÈGE

1899-1903

MINISTÈRE DES AFFAIRES ÉTRANGÈRES

DOCUMENTS DIPLOMATIQUES

SAINT-SIÈGE

1899-1903

PARIS

IMPRIMERIE NATIONALE

MDCCCCIII

TABLE DES MATIÈRES.

MINISTÈRE DES AFFAIRES ÉTRANGÈRES.

DOCUMENTS DIPLOMATIQUES.

SAINT-SIÈGE.

1899-1903.

N° 1.

M. Nisard, Ambassadeur de la République française près le Saint-Siège,
à M. Delcassé, Ministre des Affaires étrangères.

Rome, le 22 mai 1899.

Dès le début de notre dernier entretien, le Cardinal Rampolla m'a dit que le Pape se préoccupait très vivement des projets de loi qui devaient être soumis au Parlement touchant la liberté d'enseignement et le régime des associations, étant donné l'esprit dans lequel ils paraissaient être conçus. Le Secrétaire d'État en me demandant de signaler ces préoccupations au Gouvernement de la République a tenu à déclarer en son nom personnel qu'il ne pouvait, de son côté, se défendre d'une pénible impression en constatant le peu d'encouragement que recevaient, en fait, de notre part, les tendances invariablement amicales de la politique pontificale.

Le ton dont ces déclarations m'ont été faites ne pouvait laisser de doute sur l'importance que le Secrétaire d'État attachait à ce qu'elles fussent signalées à votre attention d'une façon particulière.

Nisard.

N° 2

M. Delcassé, Ministre des Affaires étrangères,
  à M. Nisard, Ambassadeur de la République française près le Saint-Siège.

Paris, le 25 mai 1899.

J'ai fait part au Président du Conseil de votre récent entretien avec le Cardinal Rampolla et des appréhensions exprimées par le Secrétaire d'État au nom du Saint-Père et au sien propre. Le Président du Conseil m'a déclaré sur le premier point, que, d'accord avec le Ministre de l'instruction publique, il n'a nullement le dessein de mettre en question le principe de la liberté d'enseignement. En ce qui touche les associations, le Président du Conseil, dans la loi qu'il soumettra au Parlement, mais qui n'est même pas élaborée, consacrera le droit d'association en prenant, bien entendu, les précautions, les garanties qu'il est impossible à tout Gouvernement, quelle qu'en soit la forme, de ne pas exiger.

C'est ce que j'ai dit hier à Mgr. di Belmonte, chargé d'Affaires du Saint-Siège, au cours de ma réception diplomatique.

Delcassé.

N° 3.

M. de Navenne, Chargé d'Affaires de France près le Saint-Siège,
  à M. Delcassé, Ministre des Affaires étrangères.

Rome, le 13 octobre 1899.

Dans l'audience de ce matin, le Secrétaire d'État de Sa Sainteté a mis la conversation sur les rapports du clergé et des pouvoirs publics en France. Les paroles de Son Éminence peuvent se résumer ainsi :

« Vous avez pu constater le calme avec lequel nous avons accueilli la nouvelle que la Commission du budget avait voté la suppression de l'Ambassade de France près le Saint-Siège. Nous connaissons trop le sentiment de votre Gouvernement et, en particulier, celui de M. Delcassé, pour prendre ce vote au tragique. Cependant, en certains pays étrangers, les journaux n'ont pas observé semblable réserve.

« Ils ont constaté la résolution de la Commission du budget, pour en tirer les pronostics les plus pessimistes. Nous suivons de très près, à la Chancellerie, les oscillations de l'opinion publique, les manifestations de la presse européenne. Eh bien, il ne faut qu'un peu de perspicacité pour se convaincre que vous êtes en butte à une sorte de conspiration destinée à vous amoindrir. C'est dans ce dessein que la presse dont je parle dénonce les congrégations catholiques comme des foyers de conspirations et s'efforce de déterminer un mouvement d'opinion à leur détriment.

« Or, le Pape a-t-il varié un moment dans son attitude vis-à-vis de la France? N'a-t-il pas, en toutes circonstances, recommandé aux catholiques le respect de la constitution et des institutions en vigueur? Ne vient-il pas tout récemment encore de publier une encyclique dans laquelle il invite les évêques et les clercs à donner l'exemple de la prudence dans les jugements et de la modération dans les œuvres?

« Je sais bien qu'on va répétant, en certains milieux, que les instructions pontificales restent lettres mortes. Pour juger de la vertu de ses recommandations, qu'on se reporte en arrière. Il est facile de mesurer le chemin parcouru depuis les élections de 1889, époque à laquelle une partie du clergé marchait la main dans la main des adversaires déclarés de la République. Aujourd'hui, bien rares sont les évêques qui ne secondent pas les idées du Pape, et s'ils ne sont pas tous écoutés, c'est que plusieurs d'entre eux pèchent par un caractère parfois trop indulgent, non par mauvaise volonté.

« J'arrive aux ordres religieux et aux congrégations. On les accable d'invectives, comme si, dans leur ensemble, ils demandaient autre chose que de vivre en paix avec l'État qui, pourtant, ne leur a jamais témoigné au dedans la moindre sympathie. Ce sont ces mêmes religieux, dominicains, lazaristes, pères blancs, bénédictins, religieux du Saint-Esprit, frères de la doctrine chrétienne, jésuites même, vos pionniers en Afrique dans le Levant, en Chine, qui vivent partout en bonne harmonie avec vos diplomates, vos consuls, vos fonctionnaires coloniaux, et qu'on taxe de conspirateurs et contre lesquels on réclame les foudres de l'État!

« Que si, dans le troupeau, il se rencontre quelques brebis indociles, il y a moyen de les ramener au bercail. Le Pape s'est toujours déclaré tout disposé à user de son influence pour faire rentrer les réfractaires dans le droit chemin. Mais vous n'avez pas été chargé, que je sache, de nous présenter une réclamation à cet égard. Il m'est permis d'en conclure que votre Gouvernement n'en avait aucune à formuler.

« Ces jours derniers, le Saint-Père a, de sa propre initiative, fait appeler un des religieux Assomptionnistes de Paris, qui passe pour être l'inspirateur du journal *La Croix*; il lui a déclaré qu'il réprouvait l'esprit et le ton de cette feuille. Ainsi agira le Pape, et avec toute l'autorité nécessaire, chaque fois qu'on lui fournira la preuve qu'une congrégation a méconnu les devoirs qui lui incombent.

« Puisque votre Gouvernement a entre les mains un moyen si simple de faire cesser les écarts, qui pourrait l'engager à les laisser se produire en toute liberté, quitte à les réprimer ensuite par des mesures générales frappant les innocents avec les coupables ? Or, c'est ce que certains journaux réclament de lui, tous les jours. Si ces mêmes objurgations venaient à se produire à la tribune du Parlement, le Saint-Siège compte que le Gouvernement fera valoir les arguments de nature à rétablir les faits dans leur vérité. Car, par cela même que le Pape a tout fait pour la France et pour la République, il se trouverait placé dans une situation difficile, surtout pour faire respecter vos institutions et soutenir les droits historiques de la France au protectorat catholique dans le monde le jour où ses avances aboutiraient à des mesures vexatoires contre l'Église et le Clergé de France. Cette politique préconisée par certains esprits peu avisés constituerait d'ailleurs la pire des conceptions, car non seulement elle ranimerait à l'intérieur des passions à peu près éteintes, mais elle ferait inconsciemment le jeu des ennemis de la France. »

J'ai reproduit aussi fidèlement que possible les paroles du Cardinal Secrétaire d'État. Votre Excellence tiendra sans aucun doute à me mettre en mesure de leur répondre dans un sens conforme aux vues du Gouvernement.

H. de NAVENNE.

N° 4.

M. DELCASSÉ, Ministre des Affaires étrangères,
à M. DE NAVENNE, Chargé d'affaires près le Saint-Siège.

Paris, le 2 novembre 1899.

Le rapport par lequel vous m'avez rendu compte, à la date du 13 octobre, d'un entretien que vous aviez eu le même jour avec le Cardinal Secrétaire d'État, ne pouvait manquer de retenir mon attention. Prenant occasion d'un vote récent de la Commission du budget, le Cardinal Rampolla a mis la conversation sur les rapports du clergé et des pouvoirs publics en France. Il vous a exprimé la crainte que diverses Puissances, désireuses de mettre à profit certains faits de notre vie politique intérieure pour amoindrir notre influence au dehors, ne s'appliquassent dans ce dessein à ouvrir chez nous une ère de passions anti-religieuses et à compromettre nos bonnes relations avec le Saint-Siège. Votre interlocuteur vous a parlé à ce sujet de l'attitude que le Pape a invariablement observée à l'égard de la France et dont la haute importance, est-il besoin de le rappeler ? a toujours été appréciée ici comme il convenait. Après avoir fait observer que les instructions pontificales n'étaient pas restées sans effet sur l'esprit du clergé séculier, le Cardinal a voulu se prévaloir, en ce qui concerne les Congrégations, de ce que notre représentant auprès du Saint-Siège n'avait été chargé d'introduire aucune réclamation à leur sujet.

. Ce n'est pas sans une certaine surprise que j'ai vu cette remarque se produire. Si, pour des raisons faciles à comprendre, je n'ai jamais cru devoir présenter au Saint-Siège, à Rome et sous la forme diplomatique, des observations sur l'attitude prise dans les affaires intérieures de leur pays par des religieux français, le Cardinal Rampolla ne peut pas ignorer que je me suis vu trop souvent amené à m'entretenir de ce sujet avec le Nonce apostolique. Ce dernier lui aura certainement redit dans quel sentiment de tristesse et d'indignation je lui ai maintes fois, et dès ma première entre-vue avec lui, signalé les excitations inqualifiables propagées par une partie de la presse catholique française et plus particulièrement par les *Croix*. Au cours de ces entretiens réitérés, j'ai manifesté à Mgr. Lorenzelli l'appréhension d'abord, puis la certitude que de pareils excès rendraient inévitables des mesures de défense et de répression. Plus récemment, je lui ai montré dans certains votes de la Commission du budget un symptôme bien significatif de la pression exercée sur les pouvoirs publics par la masse du corps électoral qui s'irrite de retrouver encore les mêmes adversaires menant l'assaut contre les institutions républicaines.

Le Cardinal Rampolla ne s'est pas trompé en vous exprimant, au nom du Saint-Siège, sa confiance dans les dispositions du Gouvernement de la République et, notamment, dans les sentiments dont je suis animé. Nous espérons donc fermement qu'un complet accord de vues s'établira entre nous. Je me plais à voir à cet égard un heureux indice dans le fait que Léon XIII, ayant fait appeler un des Supérieurs de la maison des Assomptionnistes de Paris, ne lui a pas caché qu'il réprouvait l'esprit et le ton des feuilles dont ce religieux est l'inspirateur. Dans cette réprobation et dans la volonté du Saint-Père de faire respecter son autorité, nous trouverons nous-mêmes les meilleurs moyens de contenir et d'apaiser le mouvement d'opinion qu'on a si imprudemment soulevé.

Delcassé.

N° 5.

M. Nisard, Ambassadeur de la République française près le Saint-Siège,
   à M. Delcassé, Ministre des Affaires étrangères.

Rome, le 23 novembre 1899.

Je n'ai pas manqué de m'inspirer des vues exprimées dans votre lettre du 2 de ce mois lorsque j'ai revu le Cardinal Secrétaire d'État pour la première fois après mon retour à Rome.

Aussitôt après les compliments de bienvenue échangés, le Cardinal Rampolla m'a dit : « Vous me trouvez bien découragé, et non pas moi seulement, mais le Pape »

Je répondis que le langage que m'avaient tenu le Président du Conseil et Votre Excellence elle-même était loin d'autoriser de pareilles conclusions. Si d'indéniables provocations, des attaques qui n'avaient pas épargné la personne du Chef de l'État, la lutte obstinément poursuivie contre la République par certaines fractions du monde catholique ou même religieux, au mépris des objurgations du Saint-Siège, avaient mis le Gouvernement dans l'obligation de prendre des mesures jugées nécessaires à la défense des institutions républicaines, on ne devait pas se méprendre sur leur véritable caractère pas plus que sur la pensée qui les avait dictées au Cabinet. Il n'entrait à aucun degré dans les intentions du Gouvernement de s'écarter, vis-à-vis du Saint-Siège, de la politique traditionnelle de la France, et Votre Excellence, notamment, m'avait autorisé à déclarer au Cardinal qu'il n'entendait rien changer aux assurances que j'avais été chargé naguère de donner au Saint-Père et à son Premier Ministre touchant le prix qu'à Paris comme à Rome on attachait au maintien de l'entente entre la France et le Saint-Siège.

L'attitude, d'ailleurs, du Ministre des Affaires étrangères comme du Président du Conseil devant la Commission du budget, à propos des questions intéressant nos relations avec le Saint-Siège, ne pouvait laisser de doutes à cet égard.

Le Cardinal me dit qu'il appréciait toute la valeur des assurances ainsi destinées au Saint-Siège et au Souverain Pontife, mais le Pape ne pouvait oublier qu'il était le Chef de l'Église, de la catholicité. Comment resterait-il indifférent à des projets ou à des actes qui, dans sa pensée, doivent avoir pour conséquence de mettre plus ou moins directement en cause une partie si considérable des intérêts dont il a la garde? Ce serait de sa part s'exposer à affaiblir, sinon à ruiner même, aux yeux des catholiques, cette autorité, que tant de fois on s'est félicité à Paris de voir s'exercer dans un sens conforme aux vœux du Gouvernement de la République. Une telle situation paraît d'autant plus pénible qu'elle contraste avec la façon dont les autres Puissances en agissent avec le Saint-Siège. Pour répondre aux exigences d'un moment de crise, pour écarter le péril du jour, on propose des lois permanentes, on refuse aux catholiques la seule chose que le Saint-Siège réclame pour eux : la liberté.

Nisard.

N° 6.

M. Delcassé, Ministre des Affaires étrangères,

à **M. Nisard**, Ambassadeur de la République française près le Saint-Siège.

Paris, le 26 janvier 1900.

L'Archevêque de Paris, au lendemain du jugement qui a dissous la Congrégation des Assomptionnistes, s'est rendu à leur couvent et leur a prodigué les encouragements. La démarche du Cardinal Richard a dû émouvoir très légitimement le Gouvernement de la République. En admettant même qu'elle ne comporte aucune sanction en droit strict, ce que j'ignore, ne connaissant encore les faits que par les journaux, elle n'en constituerait pas moins une manifestation injustifiable d'opposition à l'égard des pouvoirs publics, et tous ceux qui ont le souci des bonnes relations entre l'État et l'Église catholique seront d'accord pour condamner une telle imprudence. Ils se montreraient surtout sévères pour les encouragements apportés solennellement aux rédacteurs de *la Croix*, dont les excès et les efforts pour diviser la France ont été blâmés par la plus haute autorité catholique.

Je vous prie de vous rendre chez le Cardinal Rampolla. Vous lui exposerez l'impression pénible produite sur nous par une manifestation que des esprits passionnés devaient nécessairement interpréter comme un appel à la révolte. Nous voyons déjà, en effet, que quatre de nos évêques ont entendu marquer qu'ils s'associaient à ces protestations, et l'on ne peut prévoir toutes les conséquences d'un exemple aussi dangereux.

Il est à craindre que si ces provocations devenaient trop nombreuses, notre Parlement ne soit entraîné à réagir et que la pacification ne soit sérieusement compromise, contre notre commun désir.

Il ne saurait entrer dans la pensée du Gouvernement de la République de demander au Saint-Siège d'intervenir entre notre épiscopat national et lui, mais il est probable que le simple exposé de la situation amènera le Pape à rechercher le moyen d'y apporter remède. Une condamnation prononcée spontanément contre les auteurs d'une telle agitation, ou simplement une approbation exprimée d'aussi haut à l'égard de ceux qui se tiennent à l'écart de ces luttes suffirait probablement pour empêcher de se développer un mouvement encore hésitant. Et il semble que ce soit bien le rôle de la Papauté tel que l'interprète la haute sagesse de Léon XIII, d'arrêter dès l'origine, en rappelant le respect dû à la loi, des conflits où des passions purement politiques se couvrent de prétextes religieux.

Je me propose de présenter demain au Nonce ces réflexions et de l'entretenir de mes préoccupations. Je crois cependant nécessaire que le Cardinal Rampolla en soit directement saisi par vous. Il y trouvera notamment l'occasion de s'éclairer, s'il le désire, sur les difficultés qu'il entrevoit, sans doute, mais que votre expérience vous permettra de faire ressortir avec plus de netteté. Vous voudrez bien me rendre compte, le plus tôt possible, du résultat de vos démarches.

DELCASSÉ.

N° 7.

M. NISARD, Ambassadeur de la République française près le Saint-Siège,
à M. DELCASSÉ, Ministre des Affaires étrangères.

Rome, le 3o janvier 1900.

Ce matin le Cardinal Rampolla m'a dit qu'il avait saisi immédiatement le Saint-Père de la communication que je lui avais faite aussitôt la réception de votre lettre du 26 de ce mois, et que le Pape avait fait envoyer des instructions au Nonce en vue de maintenir le calme et d'éviter que l'agitation politique se propage parmi l'épiscopat français. Le Cardinal, en terminant, a marqué la confiance que le Gouvernement de la République, de son côté, s'attacherait à éviter tout ce qui pourrait aller à l'encontre du résultat que, de part et d'autre, l'on est également désireux d'atteindre.

NISARD.

N° 8.

M. NISARD, Ambassadeur de la République française près le Saint-Siège,
à M. DELCASSÉ, Ministre des Affaires étrangères.

Rome, le 8 février 1900.

J'ai signalé au Secrétaire d'État la satisfaction avec laquelle le Gouvernement de la République avait constaté l'efficacité des efforts du Saint-Siège pour arrêter le développement des incidents provoqués par la démarche du Cardinal Richard.

Le Cardinal Rampolla m'a renouvelé l'assurance que rien n'était plus contraire aux intentions et aux vœux du Pape que la participation de l'Épiscopat à une agitation politique.

Mais le Saint-Père ne pouvait qu'être péniblement affecté des mesures de rigueur prises contre certains membres du clergé français, et les tendances ouvertement hostiles aux congrégations qui continuent de se manifester en France, ne sont pas pour affaiblir les sentiments de tristesse et l'inquiétude avec lesquels il envisage l'avenir.

Les preuves nouvelles que le Saint-Siège lui a données dernièrement de son bon vouloir doivent être pour le Gouvernement de la République une raison de plus de s'attacher à éviter de nouvelles complications qui seraient de nature à rendre encore plus difficile au Saint-Père l'œuvre de conciliation et d'apaisement qu'il s'est assignée, en le mettant dans l'embarras vis-à-vis de l'Église et des catholiques de France.

NISARD.

N° 9.

M. NISARD, Ambassadeur de la République française près le Saint-Siège. à M. DELCASSÉ, Ministre des Affaires étrangères.

Rome, le 11 mai 1900.

Le Cardinal Secrétaire d'État m'a remis une note où sont consignées les observations qu'a suggérées au Saint-Siège la Circulaire ministérielle du 2 avril adressée aux Évêques de France au sujet des missions et prédications extraordinaires.

J'ai l'honneur d'envoyer, ci-joint, ce document à Votre Excellence, en traduction.

Le Gouvernement, d'après Son Éminence, ne pouvait se faire illusion sur le nouvel obstacle que cette initiative devait créer à l'œuvre d'apaisement, auquel le Saint-Siège avait été convié naguère, et qu'il se voyait, chaque jour davantage, seul à poursuivre. Survenant au lendemain de son intervention spontanée auprès des Pères Assomptionnistes, elle emprunte aux circonstances une signification décisive. Comment au Vatican ne se sentirait-on pas découragé? S'il s'était produit quelque abus sur certains points, il eût été facile d'y remédier en procédant par voie d'espèces. Mais s'adresser à l'Épiscopat tout entier avec cet éclat et en termes aussi rigoureux n'était-ce pas donner un nouvel aliment aux polémiques dont il semblait qu'on fût d'accord des deux côtés pour éteindre le foyer?

NISARD.

Le Cardinal Rampolla, Secrétaire d'État de Sa Sainteté,
à M. Nisard, Ambassadeur de la République française près le Saint-
Siège.

Rome, le 28 avril 1900.

La circulaire ministérielle du 2 avril courant adressée aux évêques de France au sujet des missions ou prédications extraordinaires ne pouvait ne pas produire une douloureuse surprise dans l'esprit du Saint-Père et ne saurait ne pas provoquer des observations de la part du Saint-Siège Apostolique.

Les saintes missions sont considérées par l'Église comme l'un des moyens les plus aptes et les plus efficaces pour maintenir ou réveiller chez les peuples la religion et la piété; aussi Sa Sainteté, dans sa suprême sollicitude pour le bien des âmes, en a-t-elle toujours inculqué l'usage à tous les Évêques de l'Univers catholique. Elles ont lieu librement dans les diverses nations, et, partout, on en constate les effets bienfaisants à la réelle satisfaction des fidèles et de leurs pasteurs.

Le clergé paroissial dont le nombre est, en général, insuffisant et qui, d'ordinaire, est absorbé par son ministère, doit souvent recourir, pour ces prédications extra-ordinaires, à l'aide des religieux qui se vouent spécialement au Ministère Apostolique et qui, suivant l'esprit de l'Église, sont précisément les auxiliaires naturels du clergé qui a charge d'âmes. Dûment autorisés par l'ordinaire et sous sa surveillance, ils sont librement appelés à prêter leur aide aux curés, en annonçant la divine parole soit dans les stations de l'Avent et du Carême, soit dans les Saintes missions.

Il n'est pas, que l'on sache, de texte de loi dans la législation française qui s'oppose à cette discipline ecclésiastique d'ordre général et on ne saurait même pas jus-tifier une exception restrictive pour les religieux non reconnus par cette législation; en effet, s'ils appartiennent à un corps moral non reconnu comme tel par la loi civile, il ne s'ensuit pas que, en tant qu'individus, ils restent dépouillés du carac-tère sacerdotal qui leur est propre, ni qu'ils soient rendus inhabiles à exercer le saint ministère sous la dépendance de l'autorité diocésaine, comme les membres du clergé séculier.

On ne saurait comprendre qu'on puisse invoquer ici le décret du 26 septembre 1809; ayant spécialement pour objet d'interdire aux missionnaires établis alors à Gênes les soi-disant « missions à l'intérieur » et s'inspirant de l'hostilité impériale du moment envers Pie VII, alors prisonnier à Savone, ce décret qui frappait aussi la Société émérite des missions étrangères, ne fut pas inséré dans le *Bulletin des lois* et fut mis de côté; pour mieux dire, il est tombé en désuétude, malgré les ordonnances de 1830 et de 1831 qui tendaient à le remettre en vigueur.

En négligeant toutes autres réflexions que le Décret dont il s'agit serait de nature à suggérer, il suffira de penser que vouloir appliquer aujourd'hui les vieilles mesures de rigueur abandonnées par l'Empire et par la Monarchie, c'est non-seulement vouloir agir contre l'esprit d'un État qui a ses fondements sur les principes de la liberté mais encore ne pas répondre au besoin réel et bien connu de pacification religieuse, ni aux nombreux témoignages de déférence fournis par le Saint-Père au Gouvernement de la République française.

Enfin, puisque la « législation concordataire » se trouve visée dans la circulaire du 2 avril, le Saint-Siège se voit obligé de déclarer que le Concordat du 15 juillet 1801 ne contient aucune disposition contre les congrégations religieuses, ni contre la liberté de la prédication et que les *articles organiques* et les décrets y relatifs, même s'ils se référaient en réalité à telle matière, furent rendus, comme on le sait, absolument en dehors du Saint-Siège, qui formula, en son temps, les protestations les plus explicites.

N° 10.

M. Nisard, Ambassadeur de la République française près le Saint-Siège, à M. Delcassé, Ministre des Affaires étrangères.

Rome, le 10 novembre 1900.

Le Pape, qui vient de me recevoir à mon retour de congé, s'est élevé contre les tendances que lui paraissent accuser les dernières manifestations du Gouvernement.

« Nous nous retrouvons, m'a-t-il dit, dans des circonstances bien peu favorables et les amertumes n'auront pas été épargnées au Chef de l'Église. Comment se méprendre sur le caractère et les effets des dispositions dirigées contre les congrégations, ces organes essentiels de la vie religieuse, contre la liberté d'enseignement, cette forme sacrée entre toutes de la liberté de conscience?

« Veut-on mettre le pape dans l'impossibilité de poursuivre son œuvre pacificatrice et de continuer la politique dont, malgré tant d'obstacles, s'est inspiré tout son Pontificat? »

Le Saint-Père s'est naturellement étendu sur les services que les missionnaires ne cessent de rendre à l'influence française, services attestés par le prix que le Gouvernement de la République attache au privilège qui lui assure le protectorat des intérêts catholiques en Orient et en Extrême-Orient. Si, du côté des congrégations, il y a des abus, des difficultés, pourquoi ne pas s'adresser au Pape? N'a-t-il pas, dans l'affaire des Assomptionnistes, dans d'autres incidents donné la preuve de la sincérité de son bon vouloir et de l'efficacité de son pouvoir? Sa parole a été obéie, et tous se sont inclinés.

J'ai indiqué au Saint-Père, suivant les instructions que vous m'aviez données avant mon départ de Paris, les motifs d'ordre constitutionnel et politique qui ne permettent pas, en pareille matière, à un Gouvernement parlementaire de procéder exclusivement par voie d'espèce et de recours diplomatique, et la nécessité, pour lui, d'associer le Parlement à son action.

NISARD.

N° 11.

M. NISARD, Ambassadeur de la République française près le Saint-Siège, à M. DELCASSÉ, Ministre des Affaires étrangères.

Rome, le 5 janvier 1901.

En raison des fêtes du nouvel an, c'était hier la première fois que j'avais occasion d'entretenir le Cardinal Rampolla depuis la publication de la lettre que le Pape a adressée au Cardinal Richard. Je n'ai pas cru devoir cacher au Secrétaire d'État que la publication d'un tel acte, à la veille de la discussion de la loi sur les associations, ne pouvait manquer de provoquer, de divers côtés, des commentaires dont il était difficile de s'exagérer les fâcheux effets. Ceux des catholiques qui ne pardonnent pas au Pape son attitude à l'égard de la République, aussi bien que les partisans de la dénonciation du Concordat, devaient s'efforcer de répandre l'idée qu'il s'agissait d'une tentative de pression sur les délibérations des assemblées françaises. Le Cardinal s'est élevé avec force contre une telle interprétation des intentions du Saint-Père.

En outre, ai-je ajouté, il était regrettable que, parmi les journaux catholiques, ce fût une feuille faisant profession d'hostilité déclarée envers le Gouvernement qu'on eût paru choisir pour recevoir la première communication de la pensée pontificale.

Le Cardinal Rampolla s'est empressé de décliner toute responsabilité à cet égard en m'expliquant qu'il s'agissait là d'un incident tout à fait en dehors des prévisions du Saint-Siège et absolument contraire aux dispositions qui avaient été prises par lui pour que toutes les feuilles catholiques eussent simultanément communication de la lettre du Pape.

Je me suis particulièrement attaché à mettre mon interlocuteur en garde contre les conséquences que pouvait avoir, au point de vue parlementaire, cette publication survenant à la veille de l'ouverture des débats.

NISARD.

N° 12.

M. Delcassé, Ministre des Affaires étrangères,
à M. Nisard, Ambassadeur de la République française près le Saint-
Siège.

Paris, le 17 janvier 1901.

Vous avez lu, dans le *Journal officiel*, le compte rendu de la séance de lundi à la Chambre des députés ; et vous avez apprécié tout ce qu'il a fallu à la fois de fermeté et d'habileté au Président du Conseil pour conjurer les conséquences de la lettre, au moins inopportune, du Pape au Cardinal Richard et à laquelle le Cardinal Richard ne s'est pas fait faute de donner la publicité la plus dangereuse qu'il a pu choisir. D'autre part, le dépôt du projet de loi qui affecte en temps de paix les séminaristes aux services d'infirmerie où ils seront employés en temps de guerre, projet dont je n'ai pas voulu parler au Nonce avant sa présentation à la Chambre, pour lui laisser ainsi tout son caractère de spontanéité, témoigne assez haut de la résolution du Gouvernement de faire à la continuation de ses bons rapports avec le Saint-Siège tous les sacrifices compatibles avec l'intérêt de la République et les droits de la société civile dont il a la garde, mais il veut être secondé.

DELCASSÉ.

N° 13.

M. Delcassé, Ministre des Affaires étrangères,
à M. Nisard, Ambassadeur de la République française près le Saint-
Siège.

Paris, le 10 avril 1901.

Vous sentez certainement à quel point il est nécessaire que, dans son allocution au Consistoire du 15 avril, le Pape ne prononce aucune parole qui, en blessant certains sentiments dans notre Parlement, aurait infailliblement pour contrecoup quelque aggravation par le Sénat de la loi sur les associations. J'ai dit au Nonce plusieurs fois et lui ai tout récemment répété combien il importe à la cause qui intéresse le Vatican que la Curie romaine et notre clergé observent une extrême réserve dans les circonstances actuelles.

Je vous laisse juge des conditions dans lesquelles vous pourrez, de votre côté, faire le plus utilement entendre des conseils analogues.

DELCASSÉ.

N° 14.

M. Nisard, Ambassadeur de la République française près le Saint-Siège.
à M. Delcassé, Ministre des Affaires étrangères.

Rome, le 13 avril 1901.

Conformément aux indications contenues dans votre lettre du 10 de ce mois, j'ai représenté de nouveau au Cardinal Rampolla le danger que présenterait, pour la cause même qui intéresse le Vatican, l'allocution prononcée au prochain consistoire, si elle devait être conçue dans le sens que lui assignaient par avance certaines feuilles intransigeantes.

Le Cardinal, tout en appréciant les motifs de votre insistance auprès du nonce, ne m'a pas caché que jamais il n'avait trouvé le Pape aussi affecté que dans les derniers temps de la situation religieuse en France. Les restrictions apportées à la liberté de l'enseignement ont été particulièrement ressenties par le Saint Père.

Je n'en ai pas moins insisté sur la valeur des considérations parlementaires signalées au Nonce, en exprimant votre ferme espoir que la haute sagesse de Léon XIII saurait, dans l'accomplissement de ses devoirs de Pontife, tenir compte des intérêts que vous n'aviez pas hésité à lui signaler, dans une pensée sur laquelle il était impossible de se méprendre.

Nisard.

N° 15.

M. Nisard, Ambassadeur de la République française près le Saint-Siège,
à M. Delcassé, Ministre des Affaires étrangères.

Rome, le 6 juillet 1901.

J'ai l'honneur de vous envoyer, ci joint, la traduction d'une Note que le Cardinal Secrétaire d'État vient de m'adresser, d'ordre de Sa Sainteté.

D'autre part, le Pape vient d'adresser aux chefs d'ordres une lettre où il est fait allusion, d'une manière générale, aux épreuves qu'ont à subir en ce moment les ordres religieux dans plusieurs États; mais, en un passage, elle vise spécialement les lois d'exception approuvées récemment par les pouvoirs publics chez une nation particulièrement féconde en vocations religieuses et qui n'a pas cessé d'être l'objet de la plus grande sollicitude du Souverain Pontife.

On y trouve reproduite en termes sensiblement analogues à ceux de la Note du Secrétaire d'État la protestation du Saint-Siège contre ces lois signalées notamment « comme contraires au droit absolu de l'Église de fonder des institutions religieuses exclusivement dépendantes d'elle ».

La plus grande partie, d'ailleurs, en est consacrée à des encouragements, des directions spirituelles, qui exaltent surtout l'esprit de douceur, d'indulgence et de charité chrétienne envers tous.

NISARD.

ANNEXE.

Le Saint-Père, comptant sur la sagesse de ceux qui président aux destinées de la France et sur l'équité de sa représentation nationale, espérait qu'il serait dûment tenu compte des paternelles et bienveillantes exhortations contenues dans la lettre adressée par lui en décembre dernier à S. E. le Cardinal Archevêque de Paris à propos des mesures qui menaçaient les corporations religieuses. Sa Sainteté nourrissait même la confiance que les dispositions projetées contre les Instituts religieux, qui ont si bien mérité de la religion et de la patrie, n'auraient pas été approuvées, ou tout au moins auraient été adoucies, de façon à ne pas atteindre les droits de l'Église et ceux qu'ont tous les citoyens libres de s'associer à des fins honnêtes et saintes.

Mais l'approbation définitive et la promulgation de la loi sur les associations ont malheureusement démontré que la confiance du Saint-Père était inspirée seulement par sa grande affection pour la France, puisque elle ne s'est pas trouvée correspondre avec la réalité des choses. La constatation d'un tel fait qui atteint profondément non moins la religion et la justice que la liberté même d'un peuple noble et en sa grande majorité catholique, ne pouvait pas ne pas causer à Sa Sainteté une très vive douleur et celle-ci a été d'autant plus profonde qu'ont été plus grandes les preuves de prédilection et de particulière bienveillance qu'Elle n'a jamais cessé de donner à la Nation française.

C'est pourquoi le Saint-Père, obéissant aux devoirs qui Lui sont imposés par son Ministère sacré, a ordonné au soussigné Cardinal Secrétaire d'État de protester, comme celui-ci proteste en Son Auguste nom, contre la loi précitée, comme étant une injuste loi de représailles et d'exception qui exclut des citoyens honnêtes et méritants des bienfaits du droit commun, qui blesse également les droits de l'Église, est en opposition avec les principes du droit naturel et en même temps grosse de déplorables conséquences. Il est, en effet, superflu de rappeler ici comment une telle loi, tandis que d'un côté elle restreint la liberté de l'Église, garantie en France d'autre part par un pacte solennel, et tandis qu'elle empêche l'Église de remplir sa mission divine, en la privant de précieux coopérateurs, d'un autre côté aigrit davantage les esprits en un moment où plus vif et plus pressant se fait sentir le besoin de l'apaisement, et enlève à l'État les apôtres les plus zélés de la civilisation, de la charité et les propagateurs les plus efficaces du nom, de la langue, du prestige et de l'influence française à l'extérieur.

Le Cardinal soussigné, pour se conformer aux ordres de Sa Sainteté, prie Votre Excellence de porter le contenu de la présente Note à la connaissance de son Gouvernement.

RAMPOLLA.

N° 16.

M. DE NAVENNE, Chargé d'affaires de France près le Saint-Siège,
à M. DELCASSÉ, Ministre des Affaires étrangères.

Rome, le 19 août 1901.

Le Cardinal Secrétaire d'État m'a entretenu du Règlement d'Administration publique dont les journaux français viennent de faire connaître le texte. Son Eminence n'a encore reçu du Nonce apostolique aucune communication à cet égard. Le Cardinal s'est, en conséquence, borné à exprimer l'espoir qu'on arrivera, de part et d'autre, à s'entendre sur l'énoncé de la formule dont les congrégations devront utilement se servir pour demander l'autorisation prescrite par la loi. Il y aurait lieu, en ce qui concerne la question de la juridiction des évêques, de prendre, comme point de départ, la distinction entre le régime intérieur et le régime extérieur des Communautés que le Saint-Siège a récemment mise en lumière.

Les Généraux d'ordres religieux n'ont plus que cinq semaines pour adresser leurs instructions aux Supérieurs de communautés et ils ne peuvent procéder à cette formalité avant d'avoir pris les ordres du Pape.

J'ai lieu de croire qu'il a été enjoint à Mgr Lorenzelli de ne rien négliger pour arriver à un accord avec le Gouvernement de la République sur ce point important. Il semble donc qu'il y aurait grand intérêt à ce que cette question de la « formule » soit réglée aussitôt que faire se pourra, de façon à ce que les Supérieurs de communautés se trouvent en mesure de solliciter, en temps utile, l'autorisation exigée par le législateur.

H. DE NAVENNE.

N.º 17.

M. Delcassé, Ministre des Affaires étrangères,
  à M. Waldeck-Rousseau, Président du Conseil, Ministre de l'Intérieur
  et des Cultes.

Paris, le 29 août 1901.

Notre Représentant près le Saint-Siège m'a, dans une lettre dont j'ai l'honneur de vous adresser la copie, signalé l'intérêt qu'il y aurait à s'entendre le plus tôt possible sur l'énoncé de la formule dont les congrégations devront se servir pour demander l'autorisation prescrite par la loi du 1ᵉʳ juillet. M. de Navenne a été à même de recueillir l'expression de l'inquiétude qu'a fait naître au Vatican la brièveté du délai qui reste encore aux congrégations pour leur permettre de se pourvoir utilement.

Delcassé.

N° 18.

M. Waldeck-Rousseau, Président du Conseil, Ministre de l'Intérieur et des Cultes,
  à M. Delcassé, Ministre des Affaires étrangères.

Paris, le 3 septembre 1901.

Par une lettre du 29 août dernier, vous avez bien voulu m'adresser copie d'une dépêche de notre Représentant près le Saint-Siège, en date du 19 du même mois, vous rendant compte de l'entretien qu'il a eu avec le Cardinal Secrétaire d'État au sujet du règlement relatif à l'application aux Congrégations religieuses de la loi du 1ᵉʳ juillet 1901, et par laquelle il signale l'intérêt qu'il y aurait à ce qu'une entente intervînt au plus tôt sur l'énoncé de la formule dont les congrégations devront se servir pour demander l'autorisation prescrite par la loi.

Il résulte de la communication de M. de Navenne que le désir du Saint-Siège serait de voir apporter une modification à la formule très simple invariablement employée chaque fois qu'une autorisation a été donnée à une congrégation sous le régime des lois antérieures à celle du 1ᵉʳ juillet 1901, de façon à distinguer au point de vue de la juridiction épiscopale ce qui touche au régime intérieur et ce qui touche au régime extérieur des congrégations. Le Gouvernement ne saurait évidemment entrer dans cette voie sans se départir d'une règle qui a été invariablement suivie depuis 1809 sans donner lieu à aucune difficulté. Tous les actes législatifs, tous les décrets ou ordonnances relatifs aux congrégations ont employé les termes : *Soumission à la juridiction de l'ordinaire du lieu;* tous commentaires et toutes définitions ou distinctions ont été écartés, et ce n'est pas sans inconvénients qu'on pourrait, de part et d'autre, se départir de la prudence et de la réserve qui ont inspiré cette longue pratique. En pareille matière, toute innovation serait périlleuse, et il est préférable de ne pas rompre avec une tradition qui a fait ses preuves et donné satisfaction à tous les droits.

L'État n'a point à s'enquérir du régime intérieur des congrégations, à se préoccuper de la règle qu'elles suivent. Il l'ignore.

Il ne prétend connaître que la règle civile qu'elles adoptent, leur fonctionnement, leur personnel, leur patrimoine, leur but.

Fidèle à la pensée du Concordat et respectueux observateur des règles qui président à l'exercice du culte, il voit dans les évêques les chefs hiérarchiques de tous ceux qui, dans le diocèse, participent à la pratique de ce culte. Il demande aux congrégations de se soumettre à cette hiérarchie et d'accepter la juridiction épiscopale.

Il n'a point, à l'occasion d'une loi spéciale, à définir l'autorité des évêques ni à spécifier les matières soumises à leur juridiction.

Elle peut s'exercer spontanément au point de vue des intérêts religieux dont les évêques ont la garde et en ce cas, l'État n'a point à intervenir. Elle peut être mise en mouvement par lui, mais il n'a jamais entendu et n'entend pas le faire pour intervenir soit à propos de l'établissement de la règle intérieure des congrégations, soit à propos de la façon dont elles l'observent, mais seulement dans le cas où des manifestations extérieures donneraient prise à des reproches comme étant de nature à troubler l'ordre public ou à constituer une violation des lois et règlements en vigueur, lorsque, en un mot, son droit de police aurait à s'exercer.

Ces explications suffiront sans nul doute à convaincre le Saint-Siège que le Gouvernement n'entend s'immiscer en rien, directement ou indirectement, dans le domaine spirituel.

Le plus sage est donc de rester fidèle aux précédents, de ne pas modifier une pratique dont l'Église et l'État se sont accommodés pendant un siècle et de ne pas entrer dans une voie qui peu à peu conduirait à mettre en discussion des règles sur lesquelles il est facile de se mettre d'accord, *en fait,* mais sur le sens précis desquelles, *en droit,* le conflit ne manquerait pas de se réveiller.

Sous le bénéfice de ces observations j'ai toujours pensé, Monsieur le Ministre et cher collègue, que, dans l'application de la loi du 1er juillet 1901, le Gouvernement devait s'inspirer de l'esprit de la plus large tolérance et du libéralisme le plus bienveillant. C'est ainsi que, dès le principe, j'ai donné les instructions nécessaires pour que les demandes d'autorisation formées en exécution du paragraphe 1er de l'article 18 soient acceptées et les récépissés délivrés, dès lors que les statuts contiennent la déclaration de soumission à l'Ordinaire et l'approbation de celui-ci, sans apprécier les formules employées. Mais il ne m'est pas permis d'aller plus loin, et, en tout état de cause, le Pouvoir législatif aurait seul qualité pour faire cette appréciation puisque, aux termes de l'article 13, la loi nécessaire pour autoriser une congrégation « déterminera en même temps *les conditions de son fonctionnement* ».

WALDECK-ROUSSEAU.

N° 19.

M. Delcassé, Ministre des Affaires étrangères,

à M. Waldeck-Rousseau, Président du Conseil, Ministre de l'Intérieur et des Cultes.

Paris, le 7 septembre 1901.

Vous avez bien voulu, sous la date du 3 de ce mois, me faire connaître le point de vue auquel se place l'Administration des cultes en ce qui concerne la formule dont les congrégations devront se servir pour demander l'autorisation prescrite par la loi du 1er juillet 1901.

Je m'empresse de vous accuser réception de cette communication. J'en avais donné lecture au Nonce apostolique.

Depuis lors, votre communication téléphonique du 6 septembre m'a fait connaître que vous n'aviez pas d'objection à ce qu'une copie de votre lettre précitée fût remise au Gouvernement Pontifical. Suivant le désir que m'avait exprimé le Nonce apostolique, j'ai donné à Mgr Lorenzelli une copie du document dont il s'agit.

Delcassé.

N° 20.

M. Delcassé, Ministre des Affaires étrangères,

à M. Nisard, Ambassadeur de la République française près le Saint-Siège.

Paris, le 25 janvier 1902.

Je viens d'être informé par le Président du Conseil, Ministre de l'Intérieur et des Cultes, que certains prélats se rendent à Rome pour obtenir du Pape quelque déclaration retentissante et hostile à la politique du Gouvernement. Je n'ai pas besoin de vous faire remarquer combien grave à tous les points de vue serait le succès d'une pareille démarche, au lendemain des débats où le Gouvernement s'est élevé avec autant d'énergie que d'efficacité contre les propositions de rupture avec le Saint-Siège, attitude qui lui a valu les vifs remerciements du Nonce. La campagne électorale qui va s'ouvrir en serait exaspérée, et il est trop facile d'en prévoir l'influence sur les résolutions de la Chambre prochaine. Je suis convaincu que vous ne ferez pas vainement appel à la sagesse et à la prévoyance du Pape et à l'esprit politique du Cardinal Rampolla.

Delcassé.

N° 21.

M. Nisard, Ambassadeur de la République française près le Saint-Siège,
à M. Delcassé, Ministre des Affaires étrangères.

Rome, le 29 janvier 1902.

Le Secrétaire d'État m'a parlé de l'impression qu'avait produite au Vatican l'avis
récent du Conseil d'État du 22 janvier sur les conditions auxquelles sera soumise
désormais l'ouverture de nouvelles écoles congréganistes. Le Cardinal Rampolla se
montre très préoccupé des conclusions de la haute assemblée, qui lui paraissent en
contradiction avec les assurances données par le Gouvernement, au cours de la discussion de la loi sur les congrégations. Il est à prévoir que l'occasion s'offrira à lui
d'aborder de nouveau ce sujet avec moi. Votre Excellence appréciera dans quelle
mesure il conviendra que je me trouve en mesure de répondre à ses observations ou
de lui fournir des éclaircissements.

NISARD.

N° 22.

M. Delcassé, Ministre des Affaires étrangères,
à M. Nisard, Ambassadeur de la République française près le Saint-
Siège.

Paris, le 4 février 1902.

Le Conseil des Ministres a décidé que la loi de juillet 1901 ne devait pas avoir
d'effet rétroactif et ne s'appliquait pas aux établissements scolaires ouverts en vertu
de la loi de 1886. Les conclusions du Conseil d'État visées dans votre dépêche du
29 janvier ne les touchent donc pas. C'est un point qui préoccupait vivement le
Nonce. Mgr Lorenzelli a paru très satisfait de la décision du Conseil que je lui ai
immédiatement fait connaître.

DELCASSÉ.

Vous prie de vouloir bien vous en faire l'interprète du Département du ministre, lui sans retard une réponse
. . . .

N° 23.

M. Nisard, Ambassadeur de la République française près le Saint-Siège,
à M. Delcassé, Ministre des Affaires étrangères.

Rome, le 12 février 1902.

Je me suis attaché, chaque fois que l'occasion s'en est présentée au cours de nos
entretiens, à prémunir le Secrétaire d'État contre toute manifestation de la nature de
celle que vise votre lettre du 25 janvier dernier. Les intentions dans lesquelles diffé-
rents prélats, d'après les informations recueillies par le Ministre des Cultes, se rendraient prochainement à Rome, m'ont permis d'insister avec énergie sur les conséquences particulièrement graves qu'entraînerait, à la veille des élections générales,
une initiative qui ne manquerait pas d'être interprétée comme une tentative d'intervention dans nos affaires intérieures.

L'attitude et la parole du Secrétaire d'État m'ont laissé l'impression qu'il se rendait
lui-même très exactement compte du danger qu'il y aurait pour le Saint-Siège à
accueillir des suggestions dont Son Éminence, d'ailleurs, dans le cas où elles vien-
draient à se produire, n'a pas paru mettre en doute l'insuccès.

NISARD.

N° 24.

M. Delcassé, Ministre des Affaires étrangères,
à M. Combes, Président du Conseil, Ministre de l'Intérieur et des
Cultes.

Paris, le 19 juillet 1902.

Le 16 de ce mois, le Nonce apostolique a signalé à mon attention une récente
circulaire du Département des Cultes qui ordonne la fermeture de certaines écoles
desservies par des congréganistes et ouvertes antérieurement à la loi du 1er juillet
1901. D'après Mgr Lorenzelli, cet acte serait en contradiction avec une décision prise
au Conseil des Ministres, au mois de janvier dernier, et qui lui a été notifiée par mes
soins. Il résultait de la décision dont il s'agit que l'avis du Conseil d'État affirmant la
qualité d'établissements religieux des écoles où professent des congréganistes ne saurait avoir d'effet rétroactif et ne s'appliquerait, conséquemment, pas aux écoles
ouvertes avant la promulgation de la loi précitée.

Je ne puis que vous prier de vouloir bien examiner les observations du Représentant du Saint-Siège et de me mettre en mesure de lui adresser une réponse conforme à la situation que je viens d'avoir l'honneur de vous exposer.

DELCASSÉ.

N° 25.

Mgr LORENZELLI, Nonce apostolique à Paris,
à M. DELCASSÉ, Ministre des Affaires étrangères.

Paris, le 26 juillet 1902.

Le 31 janvier 1902, Votre Excellence me fit l'honneur de m'appeler au quai d'Orsay pour me donner communication de la décision prise le matin du même jour par le Conseil des Ministres, d'après laquelle l'avis du Conseil d'État du 23 du même mois ne serait jamais appliqué aux écoles dans lesquelles l'enseignement est donné par les congréganistes ouvertes avant la promulgation de la loi du 1er juillet 1901, et qui, demeurant exclusivement sous le régime de la loi du 30 octobre 1886 et, ne tombant pas sous le dispositif de l'article 13 de ladite loi du 1er juillet 1901, n'auraient, par conséquent, point besoin de demander une autorisation. En même temps Votre Excellence eut la bonté de m'autoriser à transmettre la communication de la susdite décision ministérielle au Saint-Siège, qui, en effet, en reçut aussi une pareille faite, quelques jours après, par l'Ambassadeur de France à Rome, M. Nisard, au nom du Gouvernement de la République française.

Dans cette affaire du plus haut intérêt le Saint-Père se tint pour rassuré complètement par la communication du Nonce et de l'Ambassadeur, et les catholiques français, aussi bien que les congréganistes intéressés, se crurent également tranquillisés par la teneur de la circulaire de M. Waldeck-Rousseau du 8 février 1902, adressée aux Préfets, qui ne déclarait la nécessité d'une demande d'autorisation que pour les écoles *ouvertes postérieurement à la promulgation de la loi du 1er juillet 1901* et qui n'avertissait que celles-ci de se mettre en instance pour obtenir l'autorisation, sous la menace de l'application des sanctions légales seulement au cas où elles n'auraient pas demandé l'autorisation et après une dernière mise en demeure ; comme la même circulaire ne menaçait de ces sanctions que *tout nouvel établissement qui s'ouvrirait désormais* sans en avoir obtenu au préalable l'autorisation.

Or les mesures prises par M. Combes au sujet des écoles dans lesquelles l'enseignement est donné par les congréganistes existant avant le 1er juillet 1901, non seulement sont en évidente opposition avec la sus-mentionnée décision du précédent Ministère, mais elles portent cette opposition à l'extrême. En effet le Président actuel du Conseil, Ministre de l'Intérieur et des Cultes, par sa circulaire du 15 juillet 1902, adressée aux Préfets, s'efforçait d'appliquer et par le décret du 25 de ce même mois applique ledit avis du Conseil d'État aux écoles dans lesquelles l'enseignement est donné par les congréganistes dans les Départements de la Seine et du Rhône et il prononce la fermeture de ces écoles en la motivant par le fait de s'être abstenues de régulariser leur situation au point de vue légal qui, d'après l'exposé ci-dessus, n'était nullement irrégulière, et en tout cas, sans même leur avoir donné un délai pour se mettre en instance d'autorisation, comme la précitée circulaire de M. Waldeck-Rousseau l'avait donné à l'égard des écoles dirigées par des congréganistes ouvertes après la promulgation de la loi du 1er juillet 1901 : et si après leur fermeture on leur accorde la faculté de demander l'autorisation, cette demande n'a pas même l'effet d'en permettre la réouverture au moins pour la rentrée scolaire, avant que le Conseil d'État ait statué sur la demande ; effet, que ladite circulaire de M. Waldeck-Rousseau ne refusait pas à la demande d'autorisation pour les écoles *ouvertes après* le 1er juillet 1901 ; et par conséquent les écoles congréganistes *ouvertes avant* la loi du 1er juillet 1901, sont placées par les mesures de M. Combes dans la plus défavorable condition à laquelle ladite circulaire de M. Waldeck-Rousseau ne réduisait que les nouveaux établissements, qui s'ouvriraient désormais, après la date de la circulaire même.

Il est donc évident que les mesures sus-indiquées, non seulement sont en opposition avec la décision ministérielle du 31 janvier 1902, en appliquant l'avis du Conseil d'État aux écoles congréganistes ouvertes *avant* la promulgation de la loi du 1er juillet 1901, mais encore qu'elles portent cette opposition à l'extrème, en appliquant ledit avis du Conseil d'État avec un excès de sévérité, qui n'a pas eu lieu à l'endroit des écoles ouvertes *après* la loi du 1er juillet 1901 et avant la circulaire de M. Waldeck-Rousseau du 8 février 1902, puisque leur autorisation n'a pas été soumise à une préalable fermeture, ou à un préalable avertissement.

Dans cet état de choses, il ne me reste, Monsieur le Ministre, que de faire un haleureux et respectueux appel à votre patriotisme très éclairé et à votre haute sagesse politique, à qui en bien des circonstances je me suis plu à rendre les hommages les plus sincères, afin que, par votre intervention, le Gouvernement de la République, s'inspirant d'une conception plus sereine des intérêts sociaux et du glorieux patrimoine moral de la France, dont vous avez la garde, se hâte d'adopter des mesures nouvelles qui s'harmonisent avec la décision ministérielle du 31 janvier 1902 communiquée au Saint-Siège, et qui nous épargnent ces ruines et ces divisions, dont pourraient se réjouir seulement les ennemis de la paix religieuse.

B. Lorenzelli.

N° 26.

M. Combes, Président du Conseil, Ministre de l'Intérieur et des Cultes,
à M. Delcassé, Ministre des Affaires étrangères.

Paris, le 24 juillet 1902.

Vous avez bien voulu appeler mon attention sur les protestations que vous a adressées le Nonce apostolique au sujet de la circulaire ordonnant la fermeture de certains établissements scolaires congréganistes ouverts antérieurement à la loi du 1ᵉʳ juillet 1901.

Le Représentant du Saint-Siège invoque que cet acte serait en contradiction avec une décision prise en Conseil des Ministres, au mois de janvier dernier, et que vous avez vous-même notifiée. Il résulterait de cette décision que l'avis du Conseil d'État déterminant le caractère des écoles dirigées par les congrégations ne saurait avoir d'effet rétroactif et ne s'appliquerait pas, conséquemment, aux écoles ouvertes avant la promulgation de la loi précitée.

Vous estimez que votre déclaration, officiellement répétée au Gouvernement pontifical, engage encore aujourd'hui, la manière de voir du Cabinet et vous me demandez de vous mettre en mesure de confirmer cette déclaration.

Permettez-moi de vous faire observer que la véritable question ne se pose pas sur le terrain où l'a placée Mᵍʳ Lorenzelli. L'avis du Conseil d'État ne peut en aucune façon modifier le texte et l'esprit de la loi. La haute assemblée administrative n'a fait que préciser un point de fait à savoir qu'une école dirigée par des congréganistes constitue bien au sens légal un établissement religieux, et dès lors les dispositions de la loi du 1ᵉʳ juillet 1901 s'appliquent à cet établissement comme à tous les autres, quelle que soit leur nature.

A la Chambre des députés, aussi bien qu'au Sénat, un long débat s'est ouvert à la suite des amendements Peschaud et Halgan sur le point de savoir si l'on admettrait ou non que les congrégations déjà autorisées avant la promulgation de la loi fussent dispensées de demander l'autorisation pour les établissements non autorisés qu'elles pourraient gérer au moment de cette promulgation. L'amendement Peschaud retiré à la Chambre et repris au Sénat fut repoussé à la quasi unanimité.

Il ne pourrait donc plus exister de doute et cela a été tellement compris que la plupart des congrégations ont formé des demandes pour tous leurs établissements sans distinction.

Si certaines d'entre elles se sont laissé guider par des conseillers intéressés à créer autour de cette loi une agitation publique, elles doivent en subir les conséquences.

Ceci posé, le débat s'élargit. Nous nous trouvons, et non pour la première fois en présence d'une intervention que le Cabinet ne saurait accueillir. La loi ne touche pas à la vie intime des congrégations, c'est-à-dire au code des règles et des observances que l'Église leur a remis; elle se contente de régler leurs rapports avec l vie extérieure. Là, comme dans toutes les questions touchant au culte, il a bien été distingué entre le spirituel et le temporel et il n'a été légiféré que sur ce dernier. Mais sur ce terrain, le Gouvernement, maître de régler une matière qui ne comporte par sa nature aucune négociation, puisqu'elle a été volontairement écartée du Concordat (art. 11), a le devoir de repousser toute intervention.

Au surplus, si le Saint-Siège n'est pas en droit de protester sur le terrain concordataire, il n'en est pas de même du Gouvernement Français, alors qu'un certain nombre d'Évêques prennent à tâche d'empêcher les effets du pacte d'apaisement religieux rédigé et signé par les représentants des deux pouvoirs, en jetant dans la publicité des lettres où l'insulte se joint à l'excitation à la révolte.

Ils évitent, il est vrai, d'employer la forme des lettres pastorales, parce que sous cette forme ils tomberaient sous le coup de la législation concordataire, mais l'Évêque qui écrit cesse d'être évêque, quand il se jette dans les polémiques courantes, même à titre personnel, il commet la même incorrection qu'un fonctionnaire qui enverrait à la presse des articles ou des lettres signées de lui sans tenir compte des fonctions dont il a la charge; il s'expose alors à toutes le sanctions de droit commun réglementant l'action des citoyens.

Ces inconvénients, en se multipliant, pourront donc donner lieu à des difficultés graves, puisque l'examen des lettres des Prélats pourrait donner lieu au fond, comme dans la forme, à des poursuites judiciaires. Or, des poursuites de cette nature grefferaient une nouvelle crise religieuse sur celle dans laquelle nous nous trouvons par suite des excitations imprudentes parties du Vatican, le jour de la réception des curés de Paris, où tout le clergé militant de France a cru entendre le mot d'ordre qui l'a lancé dans la lutte électorale.

Si le Saint-Siège souhaite le maintien du Concordat, comme j'ose encore le croire, et comme j'en ai à coup sûr le véritable désir, ce maintien pourrait-il se concilier avec une pareille situation?

C'est sur ce point qu'il convient, Monsieur le Ministre et cher Collègue, d'appeler toute l'attention du Nonce apostolique, et je ne saurais trop le signaler à votre haute sollicitude.

E. COMBES.